Drum
Training
Volume 1

유 상 일 저자

기초 테크닉과 응용패턴

창조와 지식

Drum Training
Volume 1 │ 기초 테크닉과 응용패턴

초판 1쇄 발행 2023년 10월 11일
지 은 이 유상일

출 판 사 창조와 지식
주　　소 서울특별시 강북구 덕릉로 144
대표전화 1644-1814

ISBN 979-11-6003-639-8
정　가 14,000원

머리말

안녕하세요. 저자 드러머 유상일입니다.

많은 공부를 했지만 결과적으로 우리가 알아야 할 것은 기초입니다. 그리고 기초를 알기 위해서는 이론이 매우 중요합니다. 제가 지금 IP tv(쿡tv, sk브로드밴드tv, myLGtv) 방송 중인 초급 기초과정과 중급 응용과정을 그대로 책으로 만들었습니다. 또한 클래스101 인터넷 플랫폼에서도 교재 내용을 볼 수 있습니다.

그리고 이 책을 만든 이유가 바로 여기에 있습니다. "저의 신조는 '이론이 되면 플레이가 된다.'입니다. 이 교재에서는 이론을 중심적으로 강의합니다. 그리고 강의로 끝나는 것이 아니라 여러분의 아이디어를 이끌어내서 직접 플레이에 적용해보기도 할 것입니다. 모든 것이 처음부터 다 잘 할 수는 없습니다. 조바심을 가지지 말고 차근차근히 교재를 따라서 연습하다 보면 어느새 드럼과 친해져있는 여러분을 발견하게 될 것입니다. 여유 있는 마음을 가지고 열심히 연습하는 여러분이 되시길 바랍니다.

저자 유상일

<학력>

미국 MI College of Contemporary Music 예술학사졸업
경희대학교 포스트모던음악학과 전공
경희대학교 아트퓨전디자인대학원 실용음악학과 석사졸업
경희대학교 일반대학원 응용예술학과 실용음악학과 박사 과정

<교육경력>

현 경희대학교 포스트모던음악학과 겸임교수
현 경희대학교 아트퓨전디자인 대학원 겸임교수
현 백석예술대학교 실용음악학과 외래교수
현 정화예술대학교 실용음악학과 외래교수
현 서울미래음학교 음악부장
전 서울실용음악고등학교 음악부장
전 중부대학교, 한양여자대학교, 백석대학교 음악대학원, 숭실대학교, 계명대학교,
  명지대학교 문화예술대학원, 호서대학교 실용음악학과 출강

<유상일의 아이디어드럼 방송 콘텐츠>

1. 2011-2020 CJ tv 유상일의 아이디어 드러밍 TV방송 (초급20강의, 중급20강의)
2. 2011-2020 kT올레tv 유상일의 아이디어 드러밍 TV방송 (초급20강의, 중급20강의)
3. 2011-2020 디지털케이블tv 유상일의 아이디어 드러밍 TV방송 (초급20강의, 중급20강의)
4. 2011-2020 LG유플러스tv 유상일의 아이디어 드러밍 TV방송 (초급20강의, 중급20강의)
5. 2011-2020 SK브로드밴드tv 유상일의 아이디어 드러밍 TV방송 (초급20강의, 중급20강의)
6. 2011-2020 ㈜ 미디어로그tv 유상일의 아이디어 드러밍 TV방송 (초급20강의, 중급20강의)
7. 2021-현재 유상일의 Idea Drumming 초급, 중급드럼 CLASS101(인터넷 영상콘텐츠)

<방송>

1. SBS TV 방송출연-SBS 특집다큐 "대안교육을 돌아보다" (인터뷰)
2. 엠넷 방송출연-가수 유승우편 심사 방송 (심사위원으로 출연)
3. CBS 라디오 공개방송 출연-가스펠아워 " 골든메이트 " (공연 및 인터뷰)
4. CBS 라디오 방송출연-CCM캠프 " 골든메이트 " 출연 (인터뷰)
5. CTS 라디오 방송출연-CTS 라디오 JOY 출연 (인터뷰)

<앨범>

1. 2010.04.07. 비 (Rain) 6집 " Back To The Basic "드럼세션
2. 2011.05.03 골든메이트 1집 (Golden Mate)
3. 2011.04.15. The Nu Gospel Project 앨범발매
4. 2012.06.11. 더 빔 (The Beam) 1집 " First Step "발매
5. 2014.06.27. 더 빔 (The Beam) 2집 발매
6. 2016.10.05. 미스터 알렌 프로젝트 싱글앨범
7. 2018.4.6. 더빔 디지털 싱글앨범 "달리기"

8. 2018.10.15. 더빔 디지털 싱글앨범 " I MISS YOU "

9. 2019. 2. 20 더빔 디지털 싱글앨범 " 날마다 "

10. 2019. 5. 30 더빔 디지털 싱글앨범 " 살아계신주 "

11. 2019. 11. 6 더빔 디지털 싱글앨범 " 바보 "

<공연 및 특강>

1. 2014 단독콘서트 및 세션- 더빔 쇼케이스 (노리터 플레이스)

2. 2013 단독콘서트 및 세션- 올레스퀘어 톡 콘서트 " 재즈 앤 더 시티 "

3. 2018 단독콘서트 및 세션- 제2회 상명재즈페스티벌 " 더빔공연 "

4. 2018 단독콘서트 및 세션- 나니아의 옷장 " 골든메이트 "2018

5. 2014 단독콘서트 및 세션- 한화 aqua concert " 더빔 콘서트 "

6. 2009-2020 재즈클럽 공연 다수 등 (클럽 오뙤르, 에반스, kt올레스퀘어)

7. 2017 드럼 마스터클래스 드러머 유상일 초청 " 리듬트레이닝 출판기념 "

8. 2014 제1회 olah worship & music school 드럼 특강 2014

9. 2015 제2회 olah worship & music school 드럼 특강 2015

10. 2013 국회특강- 제1차 법학전문대학원생 국회실무수습 특강
　　　" 한국 대중음악의 해외진출과 실용음악과 교육현황" 특강

<드럼 콘텐츠 기획 및 연출>

1. 서울실용음악고등학교 드럼전쟁 시즌1~시즌5 총 기획 및 연출

<저서>

1. 2013.09.05. 아이디어 드럼(아름출판사)

2. 2017.01.30. 드럼을 위한 리듬트레이닝 1(스코어출판사)

3. 2017.01.30. 드럼을 위한 리듬트레이닝 2(스코어출판사)

4. 2017.08.18. 드럼 리딩의 정석(좋은땅 출판사)

5. 2017. 09 드럼리딩(도서출판 지피에스)

6. 2017.09.28. 스네어 드럼의 정석(좋은땅 출판사)

7. 2018.05.24. Rhythm School(중국학생을 위한 리듬교재)

8. 2020.3.19. The End of Drum 입문편(좋은땅 출판사)

추천의 글

기본기의 습득과 더불어 실제 연주에서의 다양한 응용이 가능하도록 저자의 세심한 배려가 돋보이는 교재로서 실용음악 드럼전공을 희망하는 예비뮤지션들에게 이 책을 추천해 드립니다.
(경희대학교 포스트모던학과 홍성규 교수)

최근 실용음악 분야의 질적, 양적 팽창은 그 어떤 분야의 그것보다 눈부시게 증가하고 있습니다. 척박한 우리나라의 실용음악 연주 부분에 있어서의 지난 20여년간의 발전은 참으로 놀라지 않을 수 없습니다. 그 발전의 중심에는 열정적이고 사명감 있는 젊은 연주인들의 부단한 노력이 있었음을 부인할 수 없습니다. 그런 의미에서 유상일의 아이디어 드럼에는 그간에 연구하고 정리했던 드럼 연주에 관한 기술과 철학이 고스란히 정리되어 있다고 생각됩니다. 지금부터 여러분들은 드러머 유상일의 스마트한 드럼을 느껴보시기 바랍니다. 아이디어 드럼과 함께 한다면 실용적이고 현명한 연주의 길이 보다 빨리 열릴 것을 확신합니다. **(MBC 나는 가수다2 자문위원, 한양여자대학 실용음악학과 손무현 교수)**

드럼에 대한 기초와 응용 그리고 무엇보다 다른 악기와의 앙상블에 대한 이야기까지 다루는 좋은 책이 출간되어 기쁘다. 드럼을 칠 줄 모르는 나에게 드럼 세트에 앉아 드럼을 연주하게 만드는 책이다.
(밴드 YB 베이시스트 박태희)

지금 드럼을 시작하는 친구들, 현재 밴드에서 활동하고 있는 드러머들 중에 기초가 부족한 친구들에게 추천하고 싶은 책입니다. 드러머가 되기 위해서 알아야 할 내용이 들어 있는 좋은 교재라고 생각합니다.
(밴드 부활 베이시스트 서재혁)

이 책은 기초적인 것을 다루었지만 드럼을 연주하고자 하는 모든 사람들이라면 꼭 알아야 할 가장 중요한 것을 쉽게 재밌게 다룬 책입니다. 기초가 튼튼해야 멋진 연주도 할 수 있습니다.
(미국 MI KIT 교수 Joyce Hyun Kim)

다년간 드럼 교육에 헌신해온 유상일 교수께서 자신의 핵심 노하우들을 책으로 정리하였다.
드러머들의 실력 향상에 크게 이바지 할 책으로써 부족함이 없다.
(영화음악감독, 대중음악 작곡가, 백석예술대학 실용음악과 김규양 교수)

놀랍고 신기한 BIG 15 강의는 그동안 한국에서는 접할 수 없었던 체계적인 드럼강의라고 자신 있게 소개 합니다.
아는 것과 가르치는 것은 분명히 다른 분야 인데 유상일 교수님의 강의는 누구도 따라할 수 없는 최고의 강의 입니다.
(샴스 미디어 대표 손종혁)

이 책은 모던드러머들이 꼭 갖추어야 할 플레잉테크닉으로 접근하여, 어떤 현장에 있든지 드러머들에게 다양한 연습루틴을 제공합니다. 매일 매일 새로운 연습방법과 아이디어는 학습자에게 매우 흥미롭고 유익하다. 특별히 발전이 멈추었던 교회에서 찬양을 반주하는 이들에게 큰 도움을 줄 수 있을거라 기대됩니다. 저자의 다음번 레슨이 너무나 기다려집니다. 놀랍도록 발전한 자신을 기대하는 모든 드러머들에게 이 책을 강력히 추천합니다.
(어노인팅 베이시스트, 서울실용음악학교 베이스 학과장 한상도)

Drum Training
Volume 1

기초 테크닉과 응용패턴

1강) 기본 이론1

1.드럼 Set

이론적인 배경을 들어가기 전에 먼저 드럼 세트에 대한 명칭을 알아야 한다. 드럼 세트는 모두 영어로 되어 있는데, 그냥 명칭만 알아놓으면 된다. 뜻은 몰라도 된다는 뜻이다.

첫 번째로 사진에서 스틱이 올려 져 있는 곳이 '하이햇'이라는 심벌이다.

두 번째로 스틱이 올려져 있는 작은 북 같이 생긴 것이 '스네어 드럼'이다.

세 번째, 스네어 드럼 바로 위에 있는 것을 '퍼스트 탐'이라고 한다.

그 옆에 있는 것이 세컨 탐이라고 한다.

그 아래 있는 탐을 플로어 탐이라고 한다. 드럼은 보통 이렇게 세 개의 탐탐으로 이루어진다.

그리고 맨 아래 있는 무거운 소리가 나는 드럼을 베이스 드럼이라고 한다.

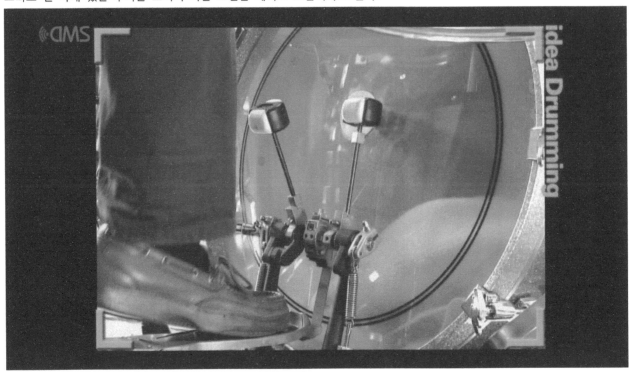

자, 그럼 남은 것은 심벌이다. 하이햇 바로 옆에 있는 심벌을 '크래쉬 심벌'이라고 한다.

그리고 플로어 탐 위에 있는 심벌은 '라이드 심벌'이라고 한다.

Ride cymbal (라이드 심벌)

작은 종소리 처럼 맑고 짧은 소리

그래서 드럼 세트는 이렇게 이루어 진다.

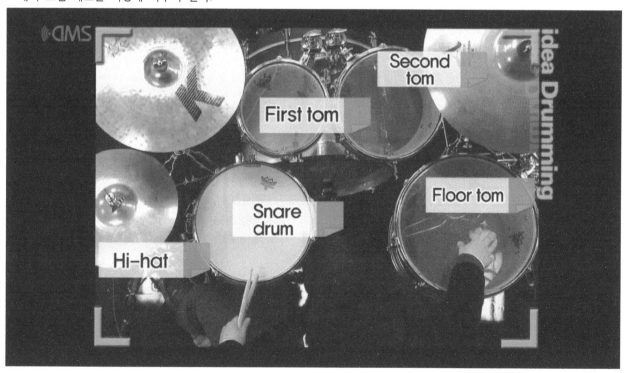

드럼을 연주할 때는 반드시 드럼의 가운데 부분을 쳐야 한다. 그래야 소리가 명확하고 예쁘게 난다.

2강) 기본 이론2

이제 이론에 대해서 배워야 한다. 드럼을 배우기 위해서는 체계적인 이론이 반드시 필요하다. 정확한 음표와 정확한 이론적 배경을 가지고 드럼을 치고 적용하고 응용할 수 있는 것이다. 첫 번째로 Quarter note에 대해 설명하려고 한다. Quarter의 뜻은 1/4 , 25%라는 뜻을 가지고 있고 한국어로 Quarter note는 4분 음표이다. 이 Quarter note의 정의는 4/4 박자 기준으로 한 마디 안에 Quarter note가 4개 있는 것이다. 가장 중요한 것은 사운드인데 각 Note 별로 내는 사운드가 다 다르다.이 Quarter note의 사운드는 다음과 같다.

1, 2, 3, 4 라고 발음하는 독자들도 있을 것이다. 이것을 One Two Three Four 라고 발음해야 한다. 유치하고 힘들고 어색하더라도 반드시 이 사운드로 발음해야 한다.

다음은 8th note이다. 아까 배웠던 Quarter note가 4분 음표였다면 이것은 8분음표이다. (굉장히 쉬운 것이지만 표기를 영어로 해서 헷갈리는 독자들도 있을 것이다.) 8th note의 정의는 4/4박자 기준에서 8th note가 한 마디 안에 8개가 있는 것이다.
제일 중요한 8th note의 사운드는 이렇다.

1 n 2 n 3 n 4 n

보이는 그대로 (원 앤) (투 앤) (쓰리 앤) (포 앤)이라고 발음하면 된다. 다른 교재들이나 한국에 있는 학원에서는 다른 발음으로 통하지만 필자는 반드시 이렇게 발음하라고 권장하고 싶다. Quarter note가 한 박에 한 번을 치는 것이었다면 이 8th note는 한 박에 두 번 치는 것을 의미한다. 이 개념을 알고 있어야 한다. 메트로놈을 틀어 놓고 한 박당 두 번을 치면 이해가 쉬울 것이다.

자, 이제 세 번째! 중요한 Triplet note를 설명하려고 한다. Triplet이란 뜻은 세 개를 하나로 뭉쳐놓았다는 뜻이다. 이 Triplet 노트는 쉽게 말해 셋잇단음표이다. 이 Triplet note의 정의는 4/4박자 안에 Triplet note가 4개 있는 것이다. 이 Triplet note의 사운드 표기는 (1 t t) (2 t t) (3 t t) (4 t t)이다. 발음은 t 뒤에 a를 붙여 (원타타) (투타타) (쓰리타타) (포타타)이다.

1 t t 2 t t 3 t t 4 t t

처음 접한 독자들은 어색해서 좀 어려울 것이다. 하지만 사운드를 크게 내서 몸에 적용이 되어 있다면 다른 장르를 배울 때 연주가 매우 편해진다. 이론이 되면 실 연주도 매우 편해진다. 그러므로 잊지 말고 사운드를 내야한다. 이 Triplet note는 한 박에 세 번을 치는 것이다. 이 노트는 매우 중요하므로 반드시 많이 연습해야 한다.

네 번째 노트는 16th note 이다. 한국말로 16분 음표이다. 4/4박자 기준으로 한 마디 안에 16분 음표가 16개 있는 것이 이 16th note의 정의이다. 사운드의 표기는 다음과 같다.

1 e n d 2 e n d 3 e n d 4 e n d

발음은 (원이앤다) (투이앤다) (쓰리앤다) (포이앤다) 이다. 한 마디에 열 여섯 번을 치면 된다.
지금 배운 이 이론들을 잘 알고 있다면 필자가 장담하는데 강의가 끝날 때 까지 드럼 연주에 문제가 없을 것이다.

3강) Big15 (1)

다음 강의로 넘어가기 전에 먼저 스틱의 각 부분 명칭과 잡는 법을 설명하려고 한다.
먼저 스틱을 3등분으로 나눈다. 그리고 사진과 같은 뒷 1/3지점을 그립이라고 한다.

그리고 사진과 같이 앞 1/3 지점을 '숄더'라고 한다.

그리고 마지막으로 제일 앞에 있는 부분을 '팁'이라고 한다.

스틱은 맨 처음 설명했던 그립이라는 부분을 감싸 쥐듯이 잡는다. 이렇게 잡는 법을 '매치드 그립'이라고 한다.

여러 가지 스틱을 잡는 방법이 있지만 위에 보이는 매치드 그립이 가장 많이 쓰이는 기본적인 그립이다.

또 한가지의 그립을 설명하자면 군악대 같은 곳에서 자주 볼 수 있는 '트래디셔널 그립'이다. 주로 재즈할 때 사용되는 그립이고 매치드 그립과는 달리 왼손 오른손 잡는 법이 달라서 다양한 뉘앙스의 사운드가 가능하다. 잡는 방법은 다음과 같다.

이제 3강을 본격적으로 들어가려고 한다. 이번 3강에서는 15개의 베이스 라인이 있는 차트를 가지고 드럼 연주를 연습할 것이다. 2강때 배운 이론들을 적용해서 그대로 연습해 볼 것이다. 이번 강의 때는 드럼 악보를 보면서 진행하려고 한다. 드럼에도 피아노처럼 악보가 있다. 먼저 이번 강의때 필요한 악보를 설명하려고 한다.

Hi-Hat   **Ride**   **Snare**   **First Tom**   **Second Tom**   **Floor Tom**   **Bass**

드럼 악보는 높은음자리표, 낮은음자리표와 전혀 상관이 없다. 그냥 드럼 악보 자체로 이해하면 된다. 하이햇은 오른손으로 스네어 드럼은 왼손으로 베이스드럼은 오른 발로 치면 된다.

다음 악보는 드럼악보로 완성된 Big15 양손 고정 패턴이다. 그러나 우선 Big15이라는 것을 생략하고 악보만 보도록 하자.

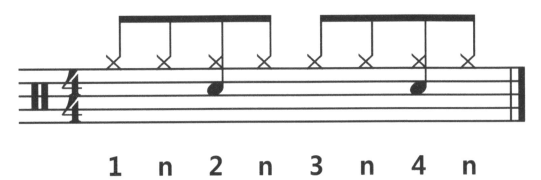

1   n   2   n   3   n   4   n

지난 시간에 배운 8th note로 구성된 드럼 악보이다. 사운드는 (원앤) (투앤) (쓰리앤) (포앤)으로 내면 된다. 스네어 드럼 위치를 보도록 하자. 스네어 드럼이 2와 4에 들어가 있다. 그러므로 오른손으로 하이햇을 쳐주고 왼손으로 2와 4에 스네어를 쳐주면 되는 것이다. 이것이 8th note이다.

 사실, 2강까지 끝내고 바로 드럼을 친다는 것이 매우 무리한 일이다. 그렇지만 속도를 내는 이유는 바로 이론을 적용시키기 위함이다. 지금 이론에서 이해하더라도 드럼에서는 매우 어설플 수 있다. 그러나 조금만 더 연습하면 그 어설픔이 사라질 것이다.

4강) Big15 (2)

강의를 들어가기 전) Big15에서 나오는 모든 악보는 베이스드럼 악보이다. 양 손은 8th note로 된 양손 고정 패턴을 치면서 악보에 보이는 리듬만 베이스 드럼으로 연주하면 된다. Big15 강의가 끝날 때 까지 양 손은 변하지 않는다. 앞으로 배울 Big15은 지난 2강에서 배운 각종 note들을 활용한 패턴들이다. 그 note들의 사운드를 내뱉으며 연습하면 어떤 패턴이든지 다 연주할 수 있다. 필자가 사운드를 강조한 이유가 여기에 있다. 그리고 필자는 앞으로 배울 Big15에 대해 결코 쉽다고 이야기 할 수 없다. 그러므로 천천히 차근차근 연습해보도록 하자.

양손고정패턴

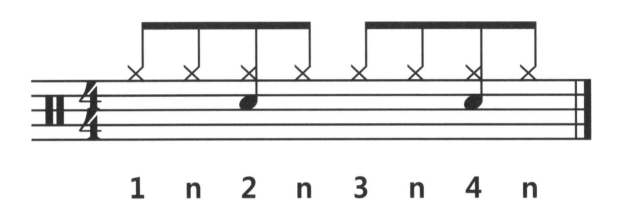

1번은 Quarter note로 구성된 베이스드럼라인이다. Quarter note로서 1, 2, 3, 4에만 베이스 드럼을 밟아주면 된다.

Big 15 1번

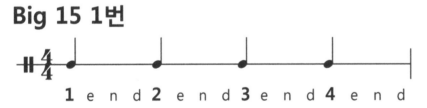

Quarter note에서 연습을 한 후 다음과 같이 적용해서 연습하면 된다.

Big 15 1번

간단한 패턴이다. 1,2,3,4에 베이스 드럼을 넣은 것이다. 사운드를 내는 이유는 악보와 다르게 치지 않기 위함이다.
1번은 여기서 마치도록 하겠다.
2번 패턴은 쉼표도 있고 음표도 있다. 쉼표는 말 그대로 치지 않고 쉬는 것이고 음표는 연주해야 한다. 8분 쉼표와 8분 음표로 구성되어 있으므로 8th note로 구성된 것이다.

Big 15 2번

아까와는 다르게 n에 베이스 드럼이 들어간다. 소리를 내면서 하이햇과 베이스 드럼만 연습해 보자. 반드시 중요한 건 하이햇을 칠 때는 일정하게 쳐야한다는 것이다. 베이스 드럼을 밟는 박자에 악센트가 들어가면 안된다.

어느 정도 연습이 되었다면 다음과 같이 스네어를 집어넣어서 같이 연습해 본다.

Big 15 2번

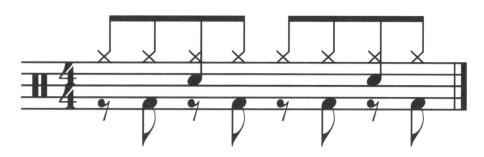

※ 연습법
베이스 드럼만 박자를 세면서 연습하다가 어느 정도 연습이 되면 오른손과 함께 연습하고 그 후 왼손을 넣어서 같이 연습해본다. 중요한 것은 빠르게 하려고 하지 말고 천천히 연습해야 한다는 것이다.

세 번째 패턴은 e에 베이스 드럼이 있다. 이번 패턴은 8th note가 아닌 16th note이기에 사운드를 16th note로 내면 된다. 8th note를 한번 칠 때 16th note는 두 번 치는 것이다.

Big 15 3번

1 e n d 2 e n d 3 e n d 4 e n d

손은 8th note를 유지하면서 베이스만 16th note로 치는 것이다. 매우 어렵게 느껴질 것이다. 이해가 되지 않는다면 2강의 내용을 복습해 보고 천천히 연습해보도록 하자. 어느 정도 연습이 되었다면 다음과 같이 스네어 드럼을 적용해서 연습해보자.

Big 15 3번

16th note이기에 8th note에 드럼을 칠 때 맞아 떨어지지 않는다. 그러므로 천천히 반복해서 연습해야 한다.

4번 패턴도 비슷하다. d에 들어가므로 3번과 비슷하게 연습하면 된다.

Big 15 4번

1 e n d 2 e n d 3 e n d 4 e n d

Big 15 4번

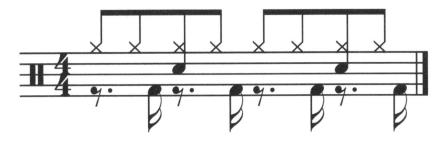

5강) Big15 (3)

5번 패턴은 8th note로 구성된 패턴이다. 양손과 같이 진행하면 된다.

Big 15 5번

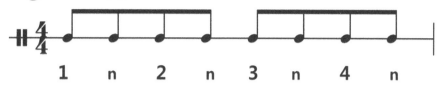

Big 15 5번

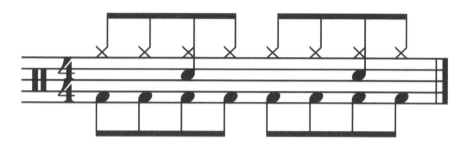

6번은 좀 난이도가 있는 패턴이다. e와 d에 들어가 있는 패턴이다. 3번과 4번을 결합한 패턴이라고 할 수 있다.

Big 15 6번

Big 15 6번

※Big15 강의가 진행될수록 더욱 어렵게 느껴질 것이다. 그래서 쉬운 패턴만 찾아서 연습하는 경우가 생길 수 도 있는데 반드시 순서대로 차근차근 연습해야 한다.

7번 패턴은 16th note로 구성된 패턴이다. 첫 박과 e에 베이스가 있는 패턴인데, 반드시 명심해야 할 것은 손이 베이스드럼을 따라가면 안 되고 손은 8th note를 유지해야 한다.

Big 15 7번

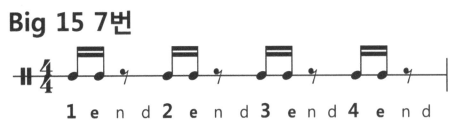

Big 15 7번

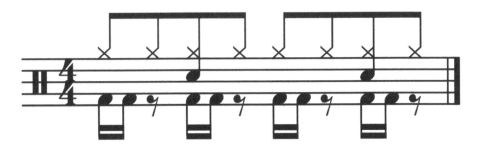

8번 패턴은 7번 패턴과 반대되는 패턴이다.

Big 15 8번

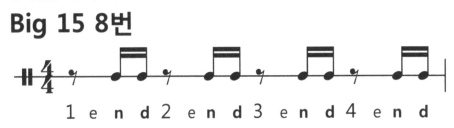

Big 15 8번

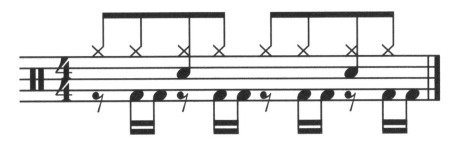

6강) Fill-in (1)

너무 베이스 드럼만 해서 지친 독자들을 위해 스페셜한 강의를 준비했다.

8th note와 16th note로 구성된 심플한 패턴을 준비했다. 16th note에서 맨 끝에 d를 뺀 패턴이다. 그러나 사운드는 계속 진행을 해야 한다. 베이스는 Quarter note로 밟아야 한다.

Fill in 1번

이번엔 d가 아닌 e를 빼는 패턴이다.

Fill in 2번

자 이제 어느 정도 연습이 되었다면 지난 강의 때 배웠던 Big 15 5번 6번을 응용해서 사용할 수 있다. 어려운 패턴이므로 반드시 사운드를 내면서 연습해야 한다.

Fill in 1번 (베이스 응용)

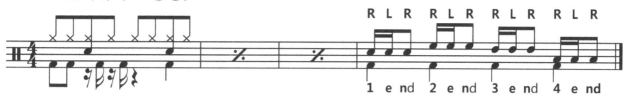

이렇게 연주하는 것이 바로 응용이다. 독자들이 계속 연구해보고 적용해보는 것이 바로 아이디어이다. 단순히 베이스 패턴만 바뀐 것인데 많이 다른 리듬처럼 느껴진다. 마찬가지로 2번 패턴에도 적용할 수 있다.

Fill in 2번 (베이스 응용)

쉽진 않을 것이다. 그러나 천천히 연습하다보면 언젠가는 빠르게 연주 할 수 있을 것이다. 여기서 잠깐! 포인트는 Big 15 이 몸에 적응이 되었다면 필자가 5번 6번을 꺼내서 이 필인에 적용한 것처럼 다른 패턴들도 독자들이 빼내서 적용할 수 있다는 것이다. 이것은 이후에 이루어질 강의에 더 자세하게 적용해 볼 것이다.
※악보 상에서 필인이 4번째 마디에 나온다고 꼭 모든 음악에서 4번째 마디에 필인이 들어가야 하는 것은 아니다. 악보를 보거나 음악을 듣다가 '비어있다.' 라고 느끼는 부분에 필인을 집어 넣으면 된다.

7강) Big15 (4)

9번 패턴은 en에 베이스 드럼이 들어간 패턴이다.

Big 15 9번

Big 15 9번

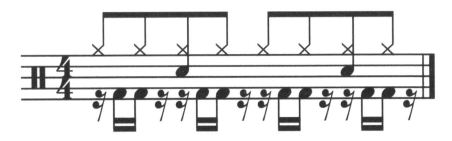

10번 패턴은 첫 박과 d에 베이스 드럼이 들어간 패턴이다.

Big 15 10번

Big 15 10번

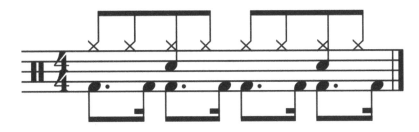

이 7번하고 10번은 많이 연습해 두면 좋은 패턴이다.

11번 패턴은 매우 어려운 패턴이다. 많이 사용되는 패턴은 아니나 연습해 두면 좋은 패턴이다. 필인 때 했던 패턴을 베이스 라인으로 옮긴 패턴이다.

Big 15 11번

Big 15 11번

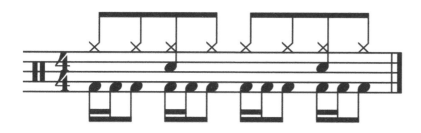

12번 패턴은 e가 빠진 패턴이다. 반드시 사운드를 내면서 차근차근히 연습해보라.

Big 15 12번

Big 15 12번

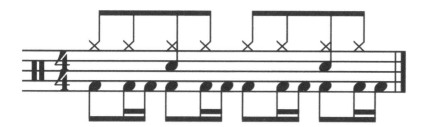

13번 패턴은 첫 박이 빠진 패턴이다.

Big 15 13번

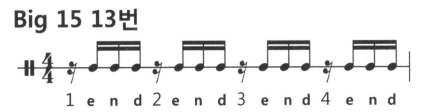

Big 15 13번

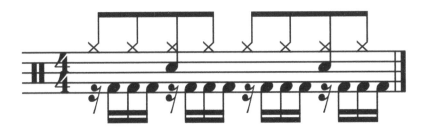

반드시 손은 유지하고 베이스만 집중해서 연습해야 한다.
14번 패턴은 1 e n d에서 n이 빠진 패턴이다.

Big 15 14번

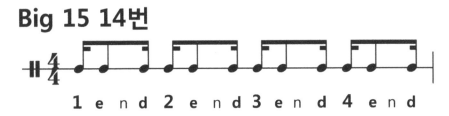

Big 15 14번

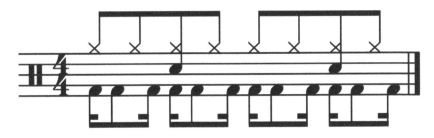

여기서 잠깐 Big 15을 하는 이유를 설명하고 지나가려고 한다. 이 어려운 패턴들을 왜 하는지 이해가 안가는 독자들도 있을 것이다. Big15을 하는 이유는 이렇다.
1. 노트의 정의 점검
2. 박자를 나누는 모든 경우의 수를 구해보고
3. 그것을 적용해 보는 것.
지금 당장 15번까지 설명을 들은 후 연주하지 못해도 괜찮다. 그냥 편하게 알고만 있고 천천히 연습하면서 내것으로 만들면 된다. 이것 못한다고 드럼 못치는 건 절대로 아니다.

15번은 이전보다는 쉽게 느껴질 수도 있다. 그러나 손은 고정된 8th note를 유지해야하므로 어려울 수 있다.

Big 15 15번

Big 15 15번

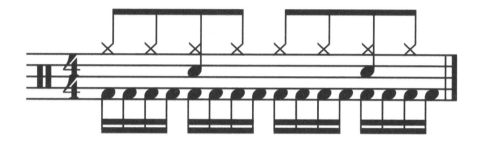

가장 중요한 것은 천천히, 더 천천히 연습하면서 익숙해지면 템포를 조금씩 조금씩 올려가며 연습해가는 것이다. 그리고
이것을 응용하는 것이다. 어렵지만 계속 연습해보고 적용해보면 어느새 완성된 Big 15을 볼 수 있을 것이다.

8강) Fill-in (2)

지금 이 강의는 지난 필인 1강처럼 심플한 리듬과 간단한 필인을 해 볼 것이다. 16th note를 이용한 연장선에 있는 강의이다. 이번엔 1 e n d에서 n을 뺀 필인을 할 것이다. 스티킹에서 보면 R L R L에서 R이 빠지는 필인이다.

Fill in 3번

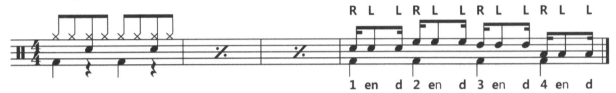

다음 패턴은 16th note에서 아무것도 빠지지 않은 패턴이다.

Fill in 4번

다음 필인은 이때 까지 했던 필인들을 하나씩 빼서 적용한 패턴이다.

Fill in 5번

이 패턴에서 지켜야 할 것은 절대로 Sticking이 변하면 안 된다. 반드시 이 sticking을 계산하면서 연습해야 한다. 정확한 스티킹이 관건이다.

9강) Fill-in 베이스 응용

이번 강의 때는 지난 강의 때 배운 필인들에서 베이스를 바꿔 적용해보는 패턴을 연습해 볼 것이다. 첫 박은 쿼러노트로 연주하고 2,3,4박은 n에서 베이스를 연주하는 패턴이다. 특히 교회 다니는 독자들이 많이 들어봤을 만한 패턴이다.

Fill in 3번 (베이스 응용)

Fill in 4번 (베이스 응용)

Fill in 5번 (베이스 응용)

10강) Big15 베이스 응용 (1)

이번 강의부터는 Big15에서 배운 패턴들을 응용해서 적용해보는 시간이다. Big15 첫 강의 때처럼 다음과 같이 손은 변하지 않는 고정패턴으로 연습한다.

양손고정패턴

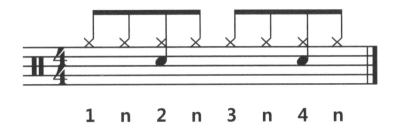

첫 번째 패턴은 Big15에서 1번과 2번을 적용해본 패턴이다.

베이스 응용패턴 1

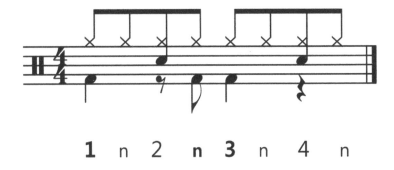

이 패턴은 발라드에서 굉장히 많이 사용되는 패턴이다. 또한 교회에서도 많이 사용되는 패턴이다. 반드시 메트로놈을 틀어 놓고 연습하길 바란다.

두 번째 패턴은 16th note가 하나 들어간 패턴이다. 이 패턴은 16th note가 최소 단위 이므로 16th note의 사운드를 내면서 연습하면 된다.

베이스 응용패턴 2

1 e n d **2** e n **d 3** e n d **4** e n d

이 패턴 역시 발라드에서 많이 사용되는 패턴이다. 쉽게 느껴질 수 있지만 천천히 연습해봐야 한다.

세 번째 패턴은 2번과 흡사한 패턴이다. 쿼러노트가 하나 사라지고 8th note가 추가된 패턴이다.

베이스 응용패턴 3

1 e n d **2** e n **d 3** e n d **4** e n d

주로 후렴구에서 사용되는 패턴이다. 음악을 듣다 보면 지금까지 공부한 패턴과 앞으로 공부할 패턴이 많이 들릴 것이다. 음악을 들어보는 것도 좋은 연습 방법이 된다.

11강) Big15 베이스 응용 (2)

4번 패턴은 드럼을 치는 사람들이 가장 빨리 접하는 패턴이라고 할 수 있다. 사운드는 8th note의 사운드를 내면 된다.

베이스 응용패턴 4

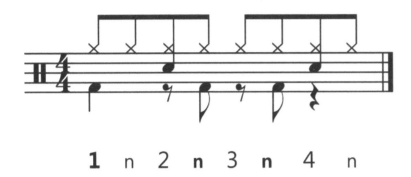

1 n **2** **n** **3** **n** **4** n

5번 역시 그리 어렵지 않는 패턴이다.

베이스 응용패턴 5

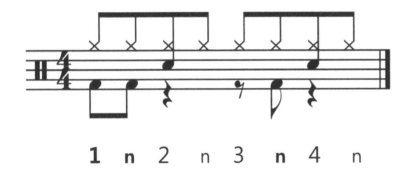

1 **n** **2** n **3** **n** **4** n

6번 패턴은 4번과 비슷한 패턴이다.

베이스 응용패턴 6

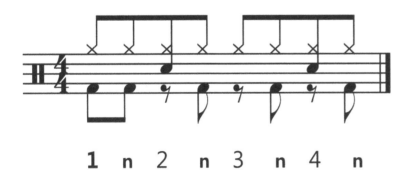

1 **n** **2** **n** **3** **n** **4** **n**

중요한 것은 4 n과 1 n이 이어지는 것이다. 주의해서 연습해야 한다.
이번 강의 때 나온 패턴들을 충분하게 연습해야 다음 강의부터 나오는 패턴들을 연습할 수 있다. 그러므로 충실하게 차근 차근 연습해두도록 하자.

12강) Big15 베이스 응용 (3)

지난 강의와 비슷하지만 16th note가 추가된 패턴이다. Big15에서 10번이 응용된 패턴이다. 다시 한 번 강조하지만 손이 베이스 드럼을 따라가면 안 되고 8th note의 패턴을 유지해야 한다.

베이스 응용패턴 1

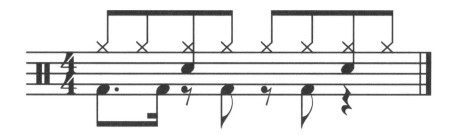

1 e n **d** 2 e **n** d 3 e n d 4 e n d

2번 패턴은 1번과 매우 비슷한 패턴이나 조금 틀려진 부분이 있다. 독자 분들이 스스로 연주하며 느끼길 바란다.

베이스 응용패턴 2

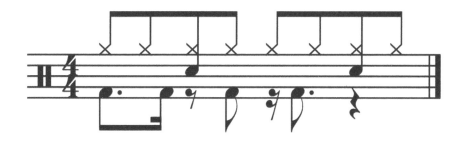

1 e n **d** 2 e n d 3 e **n** d 4 e n d

이와 같이 조금만 달라졌을 뿐인데 느낌이 확실히 틀려진 것을 발견할 수 있을 것이다. 그리고 사운드를 내면서 연습했다면 확실히 더 쉽게 찾았을 것이다. 그리고 입맛에 맞게 패턴을 바꿔서 연습해보는 것도 중요하다.

13강) Big15 베이스 응용 (4)

3번은 사실 매우 어려운 패턴이다. 하지만 지금까지 한 강의도 쉬운 것이 아니었다. 그리고 이론적 배경을 알고 대입시키는 것이므로 어려워도 다시 한 번 연습해보자.

베이스 응용패턴 3

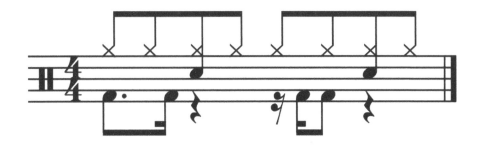

4번은 3번과 비슷하나 조금 틀린 패턴이다. 이번엔 en이 아닌 nd에 베이스 드럼이 들어간다. 비슷해 보여도 엄연히 틀린 리듬이므로 주의해서 연습해보자.

베이스 응용패턴 4

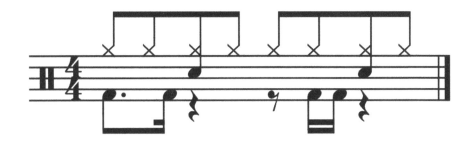

14강) Big15 베이스 응용 (5)

앞으로 하게 될 5번과 6번은 매우 어려운 패턴이다. 이전과는 두 배 더 연습해야 한다. 그러나 천천히 천천히 연습하다보면 충분히 할 수 있는 패턴이다. 속된말로 후리면 안되고 정석대로 차근차근 해나가야한다.

5번은 다른 패턴들의 응용이다. 16th note가 최소 단위이므로 16th note의 사운드를 내야한다.

베이스 응용패턴 5

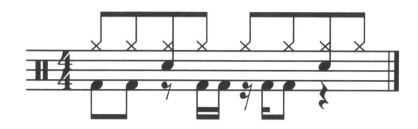

더 어렵게 쪼개지는 리듬이지만 천천히 사운드를 내뱉으며 연습하면 충분히 할 수 있는 리듬이다.

6번 패턴은 5번과 매우 비슷하지만 첫 박의 패턴만 다르다. 집중해서 사운드를 내며 연습해보자.

베이스 응용패턴 6

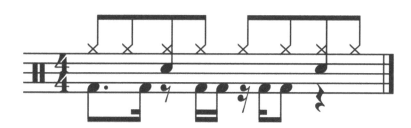

비교하면서 연습하는 것도 중요하다. 5번과 6번을 비교하면서 다시 한 번 더 연습해보자.

Homework
오선지에 Big 15을 이용해서 자신만의 아이디어로 베이스 라인을 만들어보자.

15강) Big10 오픈 하이햇

이번 강의에는 오픈 하이햇을 이용한 10개의 패턴을 공부할 것이다. 이번 패턴의 악보는 이렇게 보면 된다. 오픈 하이햇은 하이햇을 밟은 페달을 떼면 된다.

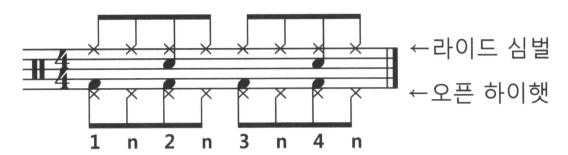

오픈을 하고 베이스 드럼을 치면 어렵다고 느껴질 것이다. 그렇다면 먼저 오픈과 베이스 드럼만 연습해보고 차근차근 스네어, 라이드 심벌을 넣어가며 연습하면 한결 수월해 질 것이다. 사실 오픈은 안 해도 되지만 연주할 때 양념같은 존재가 되고 템포 잡을 때도 편리해지므로 많이 연습해두는 것이 좋다. 필자는 독자들이 Big15에 대해 충분히 적용하고 연습했을 거라고 가정하고 그냥 패턴만 알려주도록 하겠다.

Open Hi-Hat 1번   Open Hi-Hat 2번

Open Hi-Hat 3번   Open Hi-Hat 4번

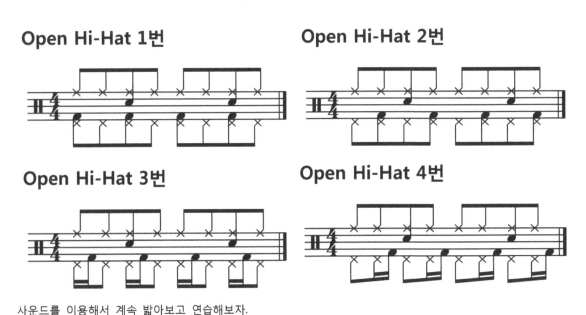

사운드를 이용해서 계속 밟아보고 연습해보자.

5번은 쉬운 8th note이고 6번은 16th note로 번갈아 가며 밟는 패턴이다.

Open Hi-Hat 5번   Open Hi-Hat 6번

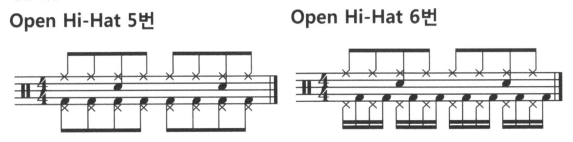

어느정도 적용이 되었다면 1번~4번까지 이어서, 5번~6번을 이어서 연습해보는 것도 좋다.

오픈 하이햇을 안치면 쉽게 갈 수 있지만 오픈 하이햇은 테크닉적으로 사용될 수 있는 좋은 예 이므로 계속 연습해두면 좋다.

7번부터 10번까지는 매우 어려운 패턴이다. 그러므로 베이스와 오픈만 먼저 따로 연습해보고 적응이 되면 다 같이 연습해 보도록 하자.

Open Hi-Hat 7번

Open Hi-Hat 8번

Open Hi-Hat 9번

Open Hi-Hat 10번

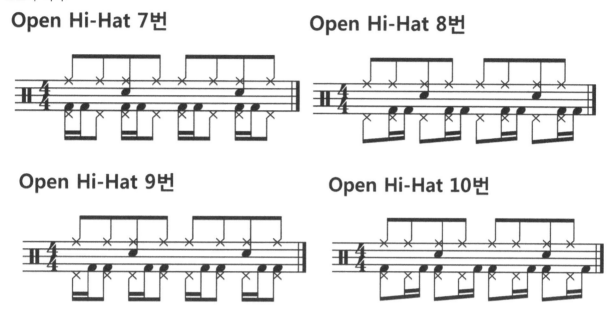

어느정도 연습이 되었다면 7번부터 10번까지 한번에 이어서 연습을 해보자.

우리가 연주를 할 때 하이햇을 치다가 라이드 심벌로 넘어갈 때가 있다. 그때 오픈 하이햇을 사용해주면 좋다. 그래서 이 오픈 하이햇을 연습하는 것이다.

16강) 16th notes

이번 16강은 16th notes에 대해 공부하려고 한다. 오른손을 16th notes로 유지하면서(하이햇을 오른손으로만 스티킹 한다. 즉, 스티킹이 RRRR이 되는 것이다.) 베이스 드럼의 패턴을 바꾸어 보는 연습을 해 보는 것이다. 필자는 이번 시간을 통해 다시 한 번 더 아이디어에 대해 이야기하고 싶다. 말 그대로 아이디어 드러밍이니까 독자들이 생각하는 대로 플레이해도 좋다. 꼭 하이햇을 치지 않아도 된다는 말이다.

16th Notes 1번

16th Notes 2번

16th Notes 3번

16th Notes 4번

16th Notes 5번

16th Notes 6번

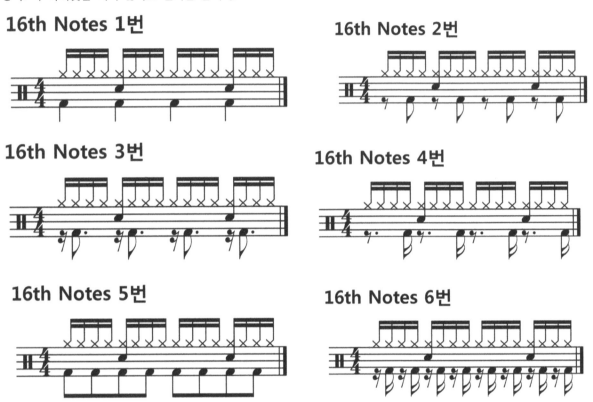

중요한 것은 16th note 자체가 노트에 베이스 드럼이 들어가 있으므로 연습할 땐 쉬울 수 있다. 그러나 틀리면 걷잡을 수 없이 틀리기에 반드시 사운드를 내면서 연습해야한다. 이제 앞으로 나올 7번부터 10번까지가 매우 관건이다. 노트를 정확하게 잡아야 하는 패턴이므로 정신차리고 연습하도록 하자.

16th Notes 7번

16th Notes 8번

16th Notes 9번

16th Notes 10번

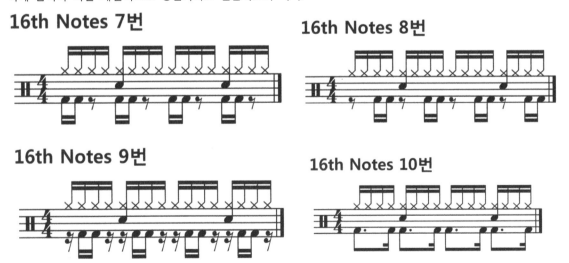

지금까지 1번부터 10번까지의 패턴을 알아보았다. 솔직히 Big15하고 16th line하고 차이점을 발견하지 못할 수 있다. 그러나 곡을 진행하다보면 여러 스타일이 이 패턴들 안에서 나오므로 16th note가 얼마나 연습되어 있느냐에 따라 플레이가

갈리게 된다. 그러므로 열심히 연습해두도록 하자.

자 이제 16th notes를 응용한 패턴들을 연주할 것이다. 다음과 같은 패턴으로 연습해 보자.

17강) 16th notes 양손 응용

16강에서는 한 손으로만 16th note를 연습했다면 이번 강의는 오른손 왼손 양손으로 연주하는 패턴을 연습할 것이다. 중요한 것은 스틱의 팁 부분으로 쳐야지 숄더 부분을 붙여서 연주하면 안 된다는 말이다. 지난시간에 연습했던 패턴들을 이번엔 양손으로(R L R L) 다음과 같이 다시 연습해 보자. 충분히 연습했다면 그 연습했던 노트들을 다양하게 여러 패턴으로 활용할 수 있을 것이다.

16th Notes 1번

16th Notes 2번

16th Notes 3번

16th Notes 4번

16th Notes 5번

16th Notes 6번

16th Notes 7번

16th Notes 8번

16th Notes 9번

16th Notes 10번

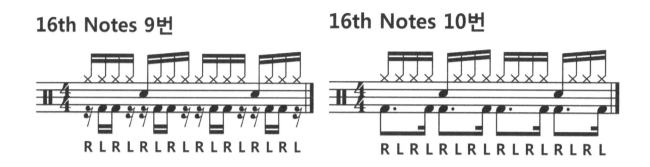

자 이제 16강 때 보여 졌던 패턴들을 또 다음과 같이 응용할 수 있다.

16th Notes 응용 1번

16th Notes 응용 2번

16th Notes 응용 3번

16th Notes 응용 4번

확실하게 16th note가 몸에 적응이 된다면 다양하게 패턴을 이용할 수 있다. 계속 연습하다 보면 아이디어가 생기고 음악을 듣다보면 무엇이 틀리고 무엇이 옳은지 잡아낼 수 있다. 사실 연습하면서 드럼소리가 크니까 자기 소리가 안들릴 수도 있다. 그래도 억지로라도 내면서 연습해야 아이디어 드러밍의 기초가 다져질 수 있다.

이번엔 4마디를 다른 패턴으로 연습해 보자.

양손 16th Notes 응용

18강) 16th notes 라이드 응용

16th note에서 나올 수 있는 마지막 패턴이다. 물론 더 나올 수 있지만 필자의 강의에서는 마지막 패턴이다. 이번 패턴은 라이드 심벌과 하이햇을 같이 이용하는 패턴이다. 사실 느낌도 달라지고 치는 반경도 달라져서 어려운 패턴이다. 16th note에서 했던 패턴을 라이드 심벌로 옮겨서 다음과 같이 연습해보자.

16th Notes 라이드 1번

16th Notes 라이드 2번

16th Notes 라이드 3번

16th Notes 라이드 4번

16th Notes 라이드 5번

16th Notes 라이드 6번

16th Notes 라이드 7번

16th Notes 라이드 8번

16th Notes 라이드 9번
16th Notes 라이드 10번

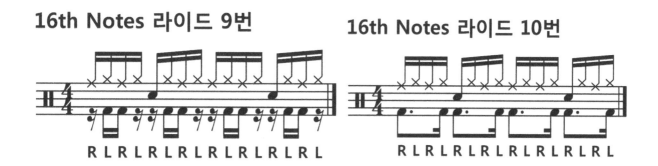

다시 한 번 강조하지만 꼭 라이드 심벌을 치지 않고 드럼의 어느 부분을 쳐도 된다. 그것이 아이디어이고 그 아이디어를 따라 각자 개성 있게 연습해 본다. 즉, 필자가 주는 소스를 그냥 받아들이지 말고 나만의 패턴을 만들면서 연습해야 한다. 그리고 이미지 트레이닝이 굉장히 중요하다. 드럼이 없더라도 사운드를 내면서 드럼이 있다고 생각하면서 연습하면 드럼 셋에서 연습한 것만큼 효과는 안 나오지만 어느 정도 연습 효과를 얻을 수 있다.

이 패턴들을 가지고 다음과 같이 응용하여 연습할 수 있다.

1번
2번

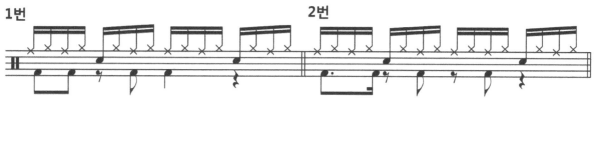

3번
4번

이 네 마디 패턴들은 우리가 이때 까지 해왔던 패턴들이다. 더 연구해보자. 어떤 라인을 가지고 집어넣어도 상관없다. 그렇게 연습하다보면 더 재미있는 드러밍이 될 것이다.

또 다음과 같이 새로운 4개의 패턴도 연습해보자.

16th Notes 라이드 베이스 응용 1번

16th Notes 라이드 베이스 응용 2번

16th Notes 라이드 베이스 응용 3번

16th Notes 라이드 베이스 응용 4번

19강) Big10 탐 솔로

이번 강의는 Big10을 응용한 탐 솔로이다. 화려한 탐 솔로가 아닌 기초적인 탐 솔로를 배울 것이다. 간단하지만 깊이 있게 연습하면 멋있게 사용할 수 있는 탐 솔로의 패턴을 알아보자. Big10을 모두 16th note로 보는 패턴이다. 악보를 보고 스네어 드럼에서 연습하면 된다. 베이스 드럼이 들어가는 부분에 스네어 드럼 액센트가 들어가면 된다. 즉, 16th note로 스네어 드럼에서 연습하다가 손 번호가 붙은 부분에서 액센트가 들어가면 된다. 액센트가 들어가는 부분은 꼭 스네어를 치지 않고 하이햇이나 탐탐을 쳐도 된다. 그러나 반드시 스네어에서 먼저 연습한 다음 넘어가보자.

Tom solo BIG 1번

Tom solo BIG 1번

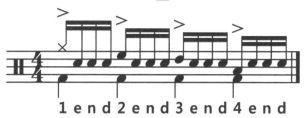

Tom solo BIG 2번

Tom solo BIG 2번

Tom solo BIG 3번

Tom solo BIG 3번

Tom solo BIG 4번

Tom solo BIG 4번

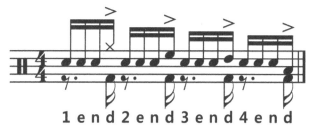

Tom solo BIG 5번

Tom solo BIG 5번

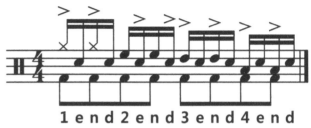

Tom solo BIG 6번

Tom solo BIG 6번

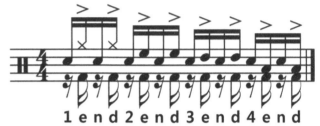

Tom solo BIG 7번

Tom solo BIG 7번

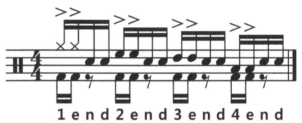

Tom solo BIG 8번

Tom solo BIG 8번

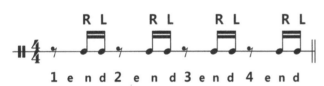

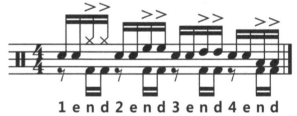

Tom solo BIG 9번

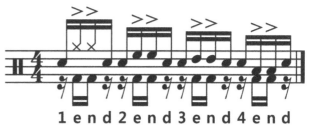

Tom solo BIG 9번

Tom solo BIG 10번

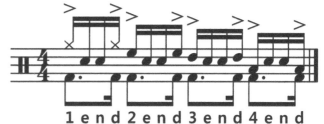

Tom solo BIG 10번

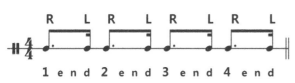

이 Big10 솔로의 좋은 점은 드럼 세트를 다 사용할 수 있는 패턴이라는 점이다. 모든 드럼 셋을 사용하면 드럼을 칠 때 시야가 넓어지는 좋은 점도 있다. 그러므로 스네어에서 완벽히 리듬이 되었다면 이제는 모든 드럼셋을 다 사용해서 연습해보도록 하자.

20강)Big10 탐 솔로 응용

지난 강의에서 16th note에 액센트 들어가는 것이 적용이 되었다면 여러 가지 방법으로 응용할 수 있다. 먼저 스네어 드럼으로 액센트를 넣어서 다음 패턴을 연습해보자. 지난 강의 때 열심히 연습했다는 가정 하에 손 번호는 넣지 않았다.

Tom solo 응용 패턴 1번

스네어에서 적용이 되었다면 다른 곳에서 연습해보자. 가령 1은 플로어탐 d는 스네어 n은 퍼스트탐 등 여러 포지션을 이용해서 다시 한 번 연습해보도록하자. 익숙해지면 액샌트를 넣어서 다음과 같이 활용할 수 있다.

Tom solo 응용 패턴 1-1번

지금까지 강의한 것을 오선지에 하나하나 그려보자. 그리고 여러 방향으로 아이디어를 연구해보자. 그럼 훨씬 더 좋은 드러밍이 나올 수 있다. 간단한 패턴이지만 독자들이 어떻게 사용하느냐에 따라 다르다. 한마디 응용이지만 여러개를 만들어서 탐 솔로 아이디어를 멋있게 사용할 수 있는 독자들이 되었으면 좋겠다.

Homework

오선지에 Big 10을 이용해서 자신만의 아이디어로 탐 솔로 라인을 만들어보자.

21강) 벨 패턴

드럼에서 벨은 라이드 심벌에 컵 부분을 이야기하는 명칭이다. 실제로 치면 벨을 치는 소리가 난다. Big10을 이용해서 한 번 연습해 볼 것이다. 이 스타일은 펑크나 라틴에 이용되는 패턴이다. 다음 처럼 베이스 패턴과 같이 쳐주면 된다.

사실 벨을 치는 것이 매우 시끄럽다. 그러나 계속 벨을 치는 것이 아니라 우리가 효과적으로 쓸 때가 있다. 그래서 이 벨 패턴에 대해 설명하는 것이다. 효과적으로 연습하기 위해 1번부터 쭉 묶어서 연습해 보는 것도 좋다. 연습하다 보면 발하고 손이 같이 쫓아가기가 어려울 것이다. 연습할 때는 반드시 쫓아가야하나 실제로 연주할 때는 쫓아가지 않아도 된다. 그러나 확실하게 연습하기 위해서 이렇게 연습하는 것이다.

22강) 벨 패턴 응용

이번 강의는 지난 강의 때 배운 벨 패턴을 사용해보는 것이다. 먼저 1번에서 연습해보고 손에 어느정도 익었다면 1-1번으로 넘어가 보자.

Bell 패턴 응용 1번   ## Bell 패턴 응용 1-1번

두 번째 패턴은 Big10에 있는 패턴이 아니라 Big15에서 뽑아온 패턴이다. 양해를 부탁드린다. 스네어에 특이한 표시가 있는 기호는 스네어를 약하게 치라는 말 이다. 나중에 설명하겠지만 고스트노트처럼 치라는 말 이다.

Bell 패턴 응용 2번   ## Bell 패턴 응용 2-1번

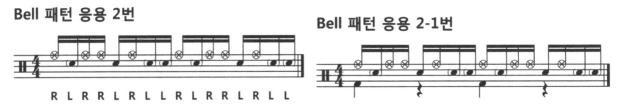

R L R R L R L L R L R R L R L L

중요한 응용 포인트가 있다. 계속 벨만 치는 것이 아니라 남는 부분에 다른 부분을 쳐 줄 수 있는 즉, 빈 곳을 채우는 센스가 필요하다. 물론 당연한 이야기지만 벨 패턴을 하이햇이나 탐에서도 이용할 수 있다. 독자 여러분의 아이디어를 사용해서 패턴을 다양하게 사용해보길 바란다.

Homework

오선지에 Big 15을 이용해서 자신만의 아이디어로 벨 응용을 만들어보자.